Fiestas

Día de los Caídos

por R.J. Bailey

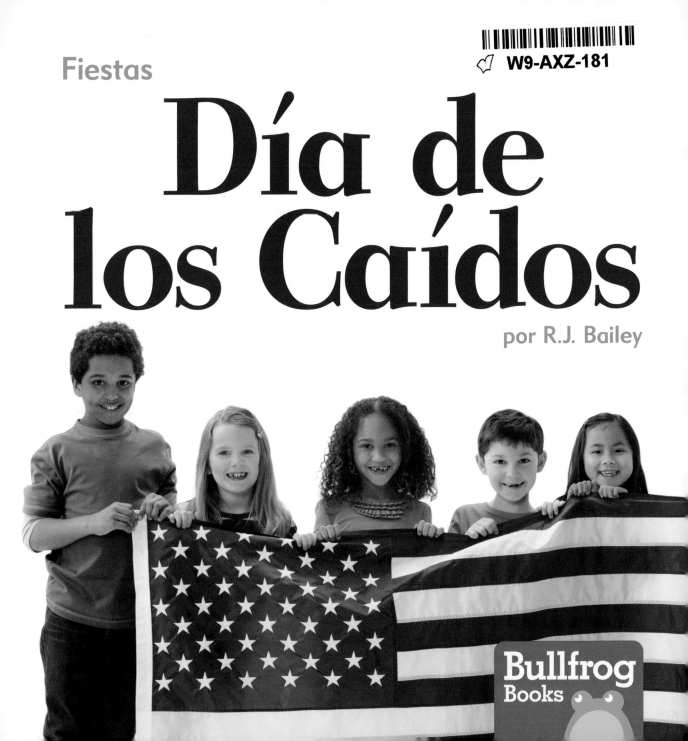

Bullfrog Books

Ideas para padres y maestros:

Bullfrog Books permite a los niños practicar lectura de texto informacional desde nivel principiante. Repeticiones, palabras conocidas y descripciones en las imágenes ayudan a los lectores principiantes.

Antes de leer

• Hablen acerca de las fotografías. ¿Qué representan para ellos?

• Consulten juntos el glosario de fotografías. Lean las palabras y hablen de ellas.

Lean en libro

• "Caminen" a través del libro y observen las fotografías. Deje que el niño haga preguntas. Señale las descripciones en las imágenes.

• Lea el libro al niño, o deje que él o ella lo lea independientemente.

Después de leer

• Inspire a que el niño piense más. Pregunte: ¿Cómo celebras el Día de los Caídos? ¿Qué tipo de cosas ves cuando es el Día de los Caídos?

Bullfrog Books are published by Jump!
5357 Penn Avenue South
Minneapolis, MN 55419
www.jumplibrary.com

Library of Congress Cataloging-in-Publication Data

Names: Bailey, R.J., author.
Title: Día de los caídos / por R.J. Bailey.
Other titles: Memorial Day. Spanish
Description: Minneapolis, Minnesota: Jump!, Inc., [2016] | Series: Fiestas | Includes index.
Audience: Grades K-3.
Identifiers: LCCN 2016010676 (print)
LCCN 2016013804 (ebook)
ISBN 9781620315095 (hardcover: alk. paper)
ISBN 9781620315248 (paperback)
ISBN 9781624964725 (ebook)
Subjects: LCSH: Memorial Day—Juvenile literature.
Classification: LCC E642 .B1718 2016 (print)
LCC E642 (ebook) | DDC 394.262—dc23
LC record available at http://lccn.loc.gov/2016010676

Editor: Kirsten Chang
Series Designer: Ellen Huber
Book Designer: Michelle Sonnek
Photo Researchers: Kirsten Chang & Michelle Sonnek
Translator: RAM Translations

Photo Credits: All photos by Shutterstock except: Adobe Stock, 6–7, 8, 22tl; Age Fotostock, 20–21; Alamy, 15; Bryan Busovicki/Shutterstock.com, 22br; Corbis, 10–11; Joe Ravi/Shutterstock.com, 3; Superstock, 1, 14; Thinkstock, 12–13, 14, 16–17, 18–19, 24; Tupungato/Shutterstock.com, 23bl.

Printed in the United States of America at Corporate Graphics in North Mankato, Minnesota.

Tabla de contenido

¿Qué es el Día de los Caídos?

El Día de los Caídos es en el mes de mayo.

Toma lugar en el último lunes.

¿Qué hacemos en ese día?

Recordamos
a los soldados
quienes murieron
en la guerra.

HERE RESTS IN
HONORED GLORY
AN AMERICAN
SOLDIER
KNOWN BUT TO GOD

¿Cómo?

Vamos al cementerio.

Es para soldados.

Ponemos banderas.

Traemos una
corona funeraria.

Meg visita un monumento de guerra.

Nos ponemos una
flor especial.

Es una amapola.

amapola

Vemos un concierto.

Lo transmiten en la tele.

¡Mira! ¡Es una cantante!

15

Comemos afuera.
Mamá prepara
perros calientes.
¡Deliciosos!

Nos tomamos de las manos. Cerramos nuestros ojos.

Recordamos a los soldados que cayeron por nuestro país.

¡Agradecemos
su servicio!

Honramos
su memoria.

Los símbolos del Día de los Caídos

bandera

flores

soldado

monumento de guerra

Glosario con fotografías

amapola
Planta con flores llamativas, usualmente rojas.

corona funeraria
Algo tejido en forma circular, que usualmente se utiliza para recordar a alguien.

cementerio
Lugar donde la gente es sepultada después de morir.

monumento
Una estatua o estructura construida para recordar a alguien famoso o un evento.

Índice

Para aprender más

Aprender más es tan fácil como 1, 2, 3.

1) Visite www.factsurfer.com

2) Escriba "DíadelosCaídos" en la caja de búsqueda.

3) Haga clic en el botón "Surf" para obtener una lista de sitios web.

Con factsurfer.com, más información está a solo un clic de distancia.

24